AF227011

ÉLOGES NÉCROLOGIQUES.

SOCIÉTÉS CENTRALES D'AGRICULTURE

Des départements du Rhône, de la Loire et de la Haute-Loire.

ÉLOGES
NÉCROLOGIQUES

LE BARON D'ASSIER DE LA CHASSAGNE — 1816

M. JOSEPH D'ASSIER DE VALENCHES — 1853

LE CHEVALIER DE LA ROCHETTE

Recueillis et réunis par un Membre de la Famille.

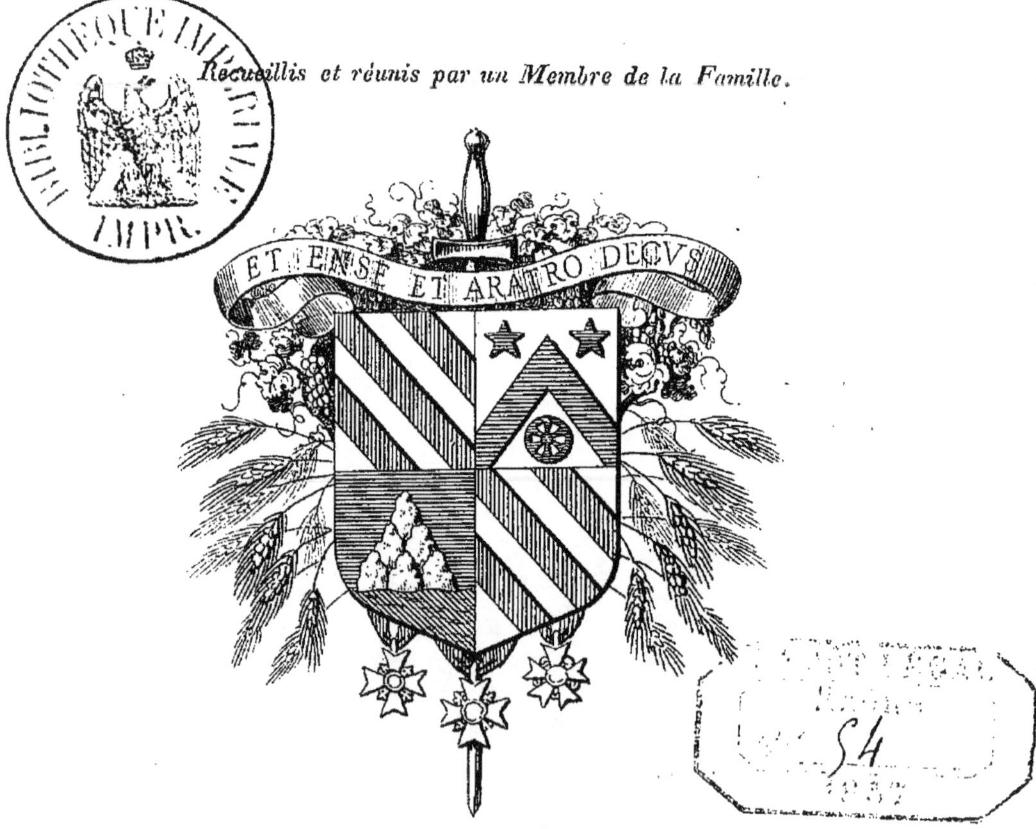

IMPRIMERIE DE LOUIS PERRIN, A LYON

1856

A NOS SUCCESSEURS.

Les pièces suivantes sont trop honorables dans notre famille, pour n'être pas préservées de l'oubli et transmises à la descendance.

Quoique d'époques différentes, elles se servent néanmoins de pendants et, s'appliquant à des générations séparées, elles n'en témoignent que mieux de la continuation de virtualité dans une même lignée (1).

(1) MM. d'Assier, dont nous retraçons ici la mémoire, appartenaient l'un et l'autre à la famille qui occupait et qui possède encore l'antique héritage de Valenches, situé

D'ailleurs, les personnages qui en font le sujet, outre leur unité d'origine, ont eu une parité complète de destination et de rôle dans le monde : après la carrière des armes à laquelle ils s'attachèrent l'un et l'autre et qu'ils parcoururent avec des chances diverses, le premier dans la plénitude d'une longue et honorable vie récompensée par les hauts grades et la croix de St-Louis, le second en prenant part, dans l'armée, à ces luttes gigantesques du premier Empire, et en ayant été forcément écarté par une glorieuse mutilation sur le champ

en Forez, entre Montbrison et St-Bonnet-le-Château. Ils étaient issus de deux branches différentes, séparées sous Henri IV. La première, qui a conservé le sol originaire, s'est perpétuée dans tous ses errements d'honorable condition. La seconde, établie en Lyonnais, titrée sous Louis XIV par l'érection de la baronnie de La Chassagne, et distinguée par ses services militaires qui lui valurent deux officiers généraux et trois générations de chevaliers de Saint-Louis, s'est éteinte dans sa postérité mâle, en M. le baron de La Chassagne, dont nous rapportons ici l'éloge. Ses héritières directes lui ont donné pour représentant, par leurs belles alliances, la famille de Laurencin d'abord, et ensuite M. le marquis de Mortemart qui possède, à ce titre, la superbe terre de La Chassagne, près d'Anse en Lyonnais.

de bataille. L'un et l'autre aussi employè-
rent la suite d'une vie pleine encore de
sève et de vigueur à d'autres genres de
services et particulièrement au développement du premier de tous les arts, l'agronomie, celui qui sympathise si bien avec toutes
les vertus du guerrier passant sans déroga-
tion du noble patronage de l'épée à celui
de la charrue.

M. Gabriel-Henri-Benoît d'Assier, baron
de La Chassagne, maréchal-de-camp, chevalier de Saint-Louis, à la suite de longs
services et après avoir suspendu son épée à
côté celle de ses auteurs dans sa terre de
la Chassagne, se consacra à l'utilité publique, en devenant membre des Conseils de
son pays, et surtout comme l'un des Prési-
dents de la Société d'agriculture du département du Rhône. Son éloge a inspiré les
pages ci-après, à l'un des agrégés les plus
recommandables de cette Société.

M. Jean-Joseph d'Assier de Valenches,
après les préliminaires d'une éducation

puisée aux meilleures sources et secondée
par une nature pleine d'aptitude, s'élança
dans la carrière militaire au moment où
l'Europe était embrasée tout entière du
feu de la guerre que faisait à la France la
grande coalition des puissances du Nord,
à la suite de l'expédition de Russie. Officier
dans la cavalerie de la Garde impériale
à cette célèbre bataille de Leipsick, si
marquante dans nos revers, il eut une
jambe emportée par un boulet de canon.
Son courage ne se démentit pas, et il dut
à une âme et à une constitution puissamment trempées, de résister au double mal-
heur d'une blessure des plus dangereuses et
de la captivité chez l'ennemi. Enfin la paix,
ramenée avec les Bourbons, le rendit à sa
famille, et cette activité pour le bien, cette
capacité ardente qui le caractérisaient, se
consacrèrent tout entières à l'utilité du pays.
Le chevalier d'Assier devint maire, conseiller de préfecture, membre du Conseil
général de département dont il fut une des

lumières, ainsi que de la Société savante qu'il présida longtemps. Son zèle pour les intérêts publics ne s'éteignit qu'avec sa vie, prodiguée et abrégée pour eux. L'estime de ses concitoyens, la croix d'officier de la Légion-d'Honneur, furent pour lui des récompenses bien méritées.

Son digne successeur à la présidence de la Société centrale d'agriculture, sciences et arts du département de la Loire, consacra à sa mémoire des paroles qu'on ne lira pas sans intérêt après celles à la louange de M. de La Chassagne, adressées à la Société du département du Rhône par son plus honorable interprète.

Nous clorons notre sujet par un hommage à la mémoire du chevalier *Jean de La Rochette* : mémoire non moins chère à sa famille qui est la nôtre, qu'aux agriculteurs distingués dont il partagea les palmes et les travaux, dans le département de la Haute-Loire.

—

DISCOURS NÉCROLOGIQUE

SUR

M. D'ASSIER DE LA CHASSAGNE

PRONONCÉ

PAR M. GROGNIER

Devant la Société royale d'agriculture de Lyon, en 1846.

<hr>

Il ne me reste plus, Messieurs, qu'à payer en votre nom un tribut à la mémoire de M. de La Chassagne, que la mort nous a enlevé.

C'est pendant les vacances de la Société que M. de La Chassagne a terminé son honorable carrière. M. Faissoles s'est empressé de déposer sur sa tombe un hommage de regrets et de vénération. Ce triste sujet lui a inspiré un discours plein de chaleur et de sensibilité, mais trop étendu pour qu'il me soit permis de l'insérer en entier dans le précis analytique dont vous m'avez confié la rédaction. J'y puiserai du moins l'article nécrologique, que je dois à la mémoire de l'homme respectable que nous avons perdu.

M. Henri-Gabriel-Benoît d'Assier, baron de La Chassagne, naquit le **20** juillet **1748**, d'une ancienne maison du Forez. Son aïeul, major des carabiniers, fut tué à la bataille d'Oudenarde en **1707**.

Son père servit avec distinction pendant quarante-cinq ans, et mérita, par un brillant fait d'armes au siége de Philisbourg, la plus glorieuse récompense : le roi lui fit présent de deux pièces de canon. Il mourut brigadier des armées de Sa Majesté.

M. de La Chassagne dut autant à son mérite personnel qu'aux services de ses aïeux les grades et les honneurs qu'il obtint dans la carrière des armes ; il servit avec distinction dans la guerre de sept ans, reçut plusieurs blessures, et fut nommé premier capitaine au régiment de Lorraine et chevalier de St-Louis. En **1782** il fut promu au grade de major des dragons, en **1785** à celui de lieutenant-colonel au régiment de Chartres : c'est à cette époque qu'une pension lui fut accordée. Il fut membre du Conseil de la guerre et colonel de dragons en **1788**. Quelque temps après il remplit en Allemagne une mission importante que le Conseil de la guerre lui avait confiée, et il fut employé dans l'armée de M. le maréchal de Broglie en qualité d'aide-maréchal-général des logis de cavalerie. Unissant beaucoup de sang-froid à

une grande activité, et sachant allier l'esprit ad-
ministratif à la valeur militaire, M. de La Chassagne passait pour un des officiers de l'armée les
plus propres à maintenir et à rétablir l'ordre et la
discipline dans les corps de troupes.

La Révolution ayant éclaté, M. de La Chassagne
sortit de France; il y rentra peu de temps après,
pour offrir son épée à l'infortuné Louis XVI, qui
le nomma maréchal-de-camp. Ne pouvant rien
faire pour son roi, ce brave et loyal officier
émigra de nouveau pour aller se ranger sous le
drapeau des princes. Il remplit dans leur armée
la charge de maréchal-général des logis, qu'il avait
exercée en France. Il eut, en 1792, l'honneur de
commander l'escorte qui conduisit, à travers mille
dangers, de Trèves à Strabineins, LL. AA. RR.
Monseigneur le duc d'Angoulême et Monseigneur
le duc de Berri.

Lyon ayant pris les armes en 1793 contre la
Révolution, M. de La Chassagne accourut dans ses
murs; il commanda une légion sous l'intrépide
général Précy, fut blessé dans une charge de cavalerie, et, après la chute de Lyon, échappa avec
peine aux recherches des révolutionnaires qui dé-
vastèrent son château.

Il quitta pour la troisième fois sa malheureuse
patrie, et se crut forcé de prendre du service dans
les armées de la coalition. On lui donna plusieurs
grades; il était en 1795 commandant en second
des hussards de Choiseul. A la tête de ce régiment,

renforcé par celui d'Ompêche, il protégea la retraite de l'armée de Hollande commandée par sir
Albercomby, et il reprit, près d'Arnheim, deux
pièces de canon qui avaient été enlevées aux Ha-
novriens. Ces faits d'armes lui attirèrent les éloges
du général anglais, qui lui confia le commande-
ment de cinq divisions d'avant-poste. Il revit sa
patrie en 1797.

Après avoir recueilli les débris de sa fortune,
M. de La Chassagne renonça pour toujours au
métier des armes et se dévoua entièrement à l'agronomie. De grandes plantations furent faites dans
ses forêts; un bon système fut introduit dans leur
aménagement. Le vignoble qui porte son nom
avait dû se détériorer pendant sa longue absence;
il ne se contenta pas de le rétablir, il l'améliora
par des provignages bien entendus, un sage emploi
des engrais, une exacte distribution des travaux
dans les temps opportuns. Il exigea que les vases
vinaires fussent tenus extrêmement propres; et
cette précaution, minutieuse en apparence, con-
tribua beaucoup à l'amélioration de ses vins. Il
étendit dans ses terres la culture des prairies arti-
ficielles, perfectionna par des irrigations bien dirigées les prairies naturelles, traça un plan et
commença des travaux pour maintenir l'Azergue
dans son lit. Son projet fut adressé au Ministre de
l'intérieur.

Cet habile agronome fut appelé dans le sein de
la Société dès les premiers jours de sa restaura-

tion; il en fut nommé le vice-président en 1808, et depuis cette époque jusqu'à sa mort il n'a pas cessé d'occuper le fauteuil. (M. de La Chassagne n'avait que le titre de vice-président; mais la présidence ayant été décernée à MM. les Préfets, à qui leurs fonctions ne permettaient guère d'assister qu'aux séances publiques, c'était constamment le vice-président qui occupait le fauteuil.)

Vous savez que des voyages ou des maladies pouvaient seuls vous priver de sa présence et de ses lumières. Vous n'oublierez jamais le zèle et la sagesse avec lesquels il dirigeait vos travaux.

Vos archives se sont enrichies de plusieurs productions agronomiques sorties de sa plume : les plus importants de ses ouvrages, que je dois me contenter d'indiquer ici, sont un Mémoire sur la culture de la vigne, un autre sur les plantes qui pourraient remplacer le coton ; des observations sur la végétation avancée de 1806; des réflexions sur les innovations agricoles hasardées; des remarques sur les articles d'agriculture compris dans le projet du Code rural; un aperçu sur l'agriculture de la Suisse et des exploitations de M. de Fellemberg.

Comme citoyen, M. de La Chassagne ne fut pas moins recommandable; maire de la commune dont jadis il était le seigneur, il faisait bénir son administration; membre du Conseil municipal de Lyon, il portait dans les discussions de cette compagnie la franchise et la loyauté de son caractère; commandant de la garde-d'honneur lyonnaise, il savait se concilier le respect et l'amour de ses subordonnés.

Cet homme respectable a succombé à une longue et cruelle maladie, dans les premiers jours de mai 1816.

M. d'Assier de La Chassagne mourut à Lyon, et son monument en marbre, au cimetière de Loyasse, porte cette inscription :

CI-GIT :

HENRY-GABRIEL-BENOIT D'ASSIER

BARON DE LA CHASSAGNE,

CHEVALIER DE L'ORDRE ROYAL ET MILITAIRE DE S. LOUIS,

ANCIEN MARECHAL DE CAMPS DES ARMEES DU ROI.

NE A LYON,

DECEDE LE 2 MAI 1816, AGE DE 68 ANS.

UN DE PROFUNDIS.

ÉLOGE

DE

M. JOSEPH D'ASSIER

Maire de Feurs, ancien Membre du Conseil général, ancien Président de la Société d'Agriculture de Montbrison,

PRONONCÉ DANS LA SÉANCE DE CETTE SOCIÉTÉ, DU 14 MARS 1853,

PAR

M. DU CHEVALARD,

SON PRÉSIDENT.

MESSIEURS,

J'ai cru répondre au désir de la Société d'Agriculture en consacrant quelques instants de cette séance à lui parler de M. Joseph d'Assier, qui fut son président, et dont la perte récente excite d'unanimes regrets. C'est un usage consacré parmi vous, que celui que vos suffrages ont appelé à l'honneur de vous présider fût l'objet de cette honorable distinction. Ainsi, M. le marquis de

Poncins reçut ce dernier hommage de la bouche de M. Augustin de Meaux, que nous eûmes lui-même trop tôt à regretter. Je l'ai rendu à M. Durand, et je viens aujourd'hui acquitter cette dette envers celui qui fut mon ami, et dont, sans effort, je pourrai redire les belles qualités, parce qu'elles vous sont connues et que son éloge est dans le récit de ses actions.

La mort a pour l'homme un précieux privilége : tandis que, pour tous les êtres de la création, elle est le symbole d'une destruction sans retour, elle est pour lui le commencement de la vie. Ce n'est, en effet, qu'après avoir franchi le terme de sa carrière qu'il entre dans cette phase immuable de son existence, qu'il est définitivement classé dans l'opinion de ses semblables, et que la mémoire qui lui survit demeure vénérée, inconnue ou flétrie. C'est qu'alors tous ses actes, formant un faisceau auquel rien ne peut plus être ajouté ou retranché, sont livrés à un jugement que la crainte, l'envie, la haine, l'amour, la flatterie, le désir de plaire, n'influencent pas, que le temps consolide parce que des faits nouveaux ne peuvent le modifier.

Cette vie posthume, reflet exact de la vie actuelle, n'en diffère que par son immuabilité. Publique, l'histoire la transmet de générations en générations. Privée, le souvenir pieux de la famille la conserve au foyer domestique.

Admirable disposition que Dieu a mise au cœur

de l'homme ! il sent qu'il doit se survivre ; il laisse échapper ce cri : je ne meurs pas tout entier. Un autre monde s'ouvre devant lui, dans lequel il place ou la récompense de la vertu, ou le châtiment du vice : et les lois divines et humaines reçoivent ainsi leur véritable et puissante sanction.

Voilà, Messieurs, la raison des hommages rendus à ceux qui nous ont précédés ; nous ne les adressons pas à des ombres vaines, créées par notre imagination ; ceux qui en sont l'objet vivent pour ne plus mourir. Qu'il est doux alors de s'en entretenir, lorsqu'à leur mémoire ne s'attachent que de bons souvenirs, que d'utiles enseignements, tels que ceux laissés par M. Joseph d'Assier !

Issu d'une noble et ancienne famille du Forez, M. Joseph d'Assier naquit (1) au château de la Terrasse en 1793. Sa première enfance correspond à des temps de sanglante mémoire, où le berceau lui-même n'était pas épargné, où la fortune et les avantages que lui assurait sa naissance auraient pu lui être enlevés, où la hache révolutionnaire aurait pu en faire un orphelin sans appui et sans ressources : mais, jeté nu sur cette terre, il eût su s'y frayer un chemin, car il était doué d'une de ces organisations privilégiées qui soutiennent également la bonne et la mauvaise fortune.

____

(1) Dans la commune de Saint-Victor-sur-Loire.

Les dispositions natives, les qualités qui, plus tard, le distinguèrent, se révélèrent bientôt en lui, et mes souvenirs d'enfance me le rappellent élève au collége de Roanne, bon et loyal camarade, hardi, intrépide, turbulent même, cherchant dans tous ses jeux l'image des combats, et semblant déjà ne respirer que pour la guerre. De tels goûts faisaient alors frémir toutes les mères, car, s'ils promettaient la gloire à leur fils, ils leur réservaient à elles bien des larmes.

M. d'Assier eut à vaincre la résistance de l'affection de sa famille; mais elle dut céder devant une vocation aussi manifeste, et, après de bonnes et fortes études terminées dans l'institution renommée de M. Liautard, à Paris, il entra à l'école de cavalerie de Saint-Germain.

La guerre alors dévorait les hommes. La préparation pour paraître sur les champs de bataille toujours ouverts, n'était pas longue; il fut bientôt envoyé à l'armée comme sous-lieutenant de lanciers de la garde impériale; il rejoignit son régiment. Après avoir fait la campagne de Saxe, il combattit sous les murs de Leipsick, et ce fut là qu'il eut une jambe emportée le 16 octobre 1813.

Ainsi, cette carrière que ses rêves lui avaient représentée si brillante, ne devait être que de courte durée; et, prompte comme le coup qui l'avait frappé, elle lui permit cependant de montrer qu'il était vraiment fait pour elle. Car, quelle force d'âme et quel courage ne fallut-il pas à ce jeune homme à peine sevré des soins de sa famille, pour résister aux cruelles épreuves qu'il eut à supporter! Jeté dans une ambulance, au milieu du trouble et du désordre d'une retraite précipitée, il eut à subir la plus terrible opération, dont le succès ne pouvait être favorisé par aucune des précautions qu'elle exige. Mais sa vigueur physique et morale n'en fut point abattue. Recueilli par une famille hospitalière dans laquelle peut-être était une mère ayant son fils à l'armée, il y reçut des soins touchants qui le rendirent à la vie, et, quelques mois après, il put rentrer en France.

La patrie n'avait plus à demander à M. Joseph d'Assier le tribut de son sang, il venait de l'acquitter; mais il pouvait lui en offrir un autre, celui de son active intelligence. Le jeune officier mutilé accordait sans doute à un passé glorieux de vifs regrets; il avait payé assez cher le droit d'aimer son drapeau éclipsé, et le signe de l'honneur qui décorait sa poitrine; mais il comprit que, dans la position faite au pays par les événements, il pouvait avoir d'autres services à lui rendre; que, le temps des luttes guerrières étant passé, le règne de la paix lui succédait, et appelait sous l'autorité de l'antique race de nos rois le développement des institutions constitutionnelles dont la France se montrait éprise. Il sut se préparer à ce nouvel ordre de choses, pour lequel il devait se montrer également utile et dévoué. Ses pensées prirent, à cette époque, une autre direction, et ses loisirs furent

consacrés à étudier le droit politique et adminis-
tratif. Son attention se porta particulièrement sur
les travaux publics qui le ramenèrent aux sciences
exactes, objet de ses premières études, et déve-
loppèrent son goût pour l'architecture, art chéri
des esprits positifs. Sa prédilection était pour cette
architecture noble et sévère dont les maîtres du
monde nous ont laissé les modèles. Il alla les ad-
mirer et s'en inspirer, non-seulement dans la ville
éternelle, mais sur cette terre classique d'Italie
partout empreinte de la grandeur du peuple-roi.
Il rapporta de ce voyage de riches souvenirs, d'u-
tiles observations, de nombreux dessins que plus
tard il sut mettre à profit, et dont l'influence se fit
d'abord heureusement sentir dans la construction
du monument expiatoire élevé à Feurs aux victimes
de la Révolution.

M. d'Assier était alors dans la force de la jeu-
nesse. Son extrême vigueur lui faisait oublier qu'il
avait laissé une partie de lui-même sur le champ
de bataille; il était toujours le brillant officier de
cavalerie, préférant les chevaux les plus fougueux,
ne se laissant arrêter dans ses excursions journa-
lières ni par la difficulté des chemins, ni par la
rigueur des saisons; étonnant, effrayant même les
compagnons de ses courses hardies.

Recherché de tous à cause de la franchise de son
caractère, de la vivacité de son esprit, il portait
partout cet entrain de bon aloi qui fait le charme
de la société. Sans lui, les réunions formées dans

le cercle de ses amis étaient incomplètes, et, tandis que l'homme aimable se faisait connaître, l'homme sérieux était apprécié, et son pays le réclamait.

En 1829, M. Joseph d'Assier fut nommé conseiller de préfecture du département de la Loire. Largement à la hauteur de ses nouvelles fonctions, il devint un utile auxiliaire de l'administrateur distingué, M. le baron de Chaulieu, dont le nom vit encore dans nos souvenirs. Son indépendance, son amour du travail, assuraient aux affaires dont il était chargé une expédition aussi prompte qu'éclairée, et le département dut se féliciter de l'avoir vu entrer dans la vie publique, car il ne tarda pas de reconnaître tout le prix d'un tel fonctionnaire.

La révolution de 1830 ayant fait cesser l'autorité des administrateurs qui, la tenant du gouvernement déchu, ne l'avaient pas reçue ou ne voulaient pas l'accepter de celui qui lui succédait, l'administration du département se trouva momentanément placée entre les mains de M. d'Assier ; tâche difficile dans ces moments critiques. Il sut la remplir : sa fermeté prévint jusqu'à l'apparence d'un trouble, et ce fut intact qu'il remit au nouveau préfet le pouvoir dont les circonstances l'avaient passagèrement investi, puis il se retira, emportant l'estime que ce premier et court passage aux affaires lui avait acquise. Son esprit, aussi juste qu'éclairé, ne pouvait se dissimuler que la France venait d'entrer dans une voie périlleuse; que l'absence de tout principe livrait le nouveau gouvernement aux conséquences de son origine vicieuse. Ce fut pour lui un motif de plus de servir le pays, qui ne doit jamais être abandonné, dans les fonctions gratuites dues à l'élection, et sa place fut dès-lors marquée au Conseil général du département où, pendant quinze ans, il a représenté le canton de Saint-Jean-Soleymieux.

C'est à partir de cette époque que commence réellement la vie publique de M. Joseph d'Assier, et que sa valeur personnelle a pu être complètement connue. Pour bien apprécier les services qu'il a rendus dans le Conseil général, il faudrait passer en revue tous les travaux de cette assemblée de la représentation locale; car il n'en est aucun auquel il n'ait pris part, et aux plus importants, de la manière la plus active.

Les attributions des Conseils généraux sont nombreuses et variées. En dehors de leurs délibérations, leurs membres sont appelés par délégation à représenter les intérêts départementaux dans une foule d'opérations administratives : conseils de révision, enquêtes, fixation de contingents d'impôts, délimitations et divisions de communes, ouvertures et directions de voies de communication, et font partie des commissions nommées pour préparer et résoudre ces questions.

L'Administration savait qu'elle pouvait compter sur le zèle et la capacité de M. Joseph d'Assier;

elle en usa largement, et jamais il ne lui fit défaut. Aussi son nom était-il connu dans tout le département, et il n'est pas un canton qui n'ait eu à se féliciter de la part qu'il a prise dans des affaires le concernant.

Dans le sein du Conseil, constamment attaché aux commissions les plus importantes, il y apportait toujours le tribut d'études sérieuses, et, dans la discussion, des idées positives soutenues avec fermeté par une grande force de raisonnement. Dominé surtout par un esprit de justice absolue, ce qu'il poursuivait avec ardeur, c'était l'exacte répartition des charges publiques; et lorsque, chaque année, le Conseil général fixait le contingent des contributions pour les trois arrondissements, M. d'Assier ne se sentant pas satisfait des bases de cette évaluation, les croyant entachées d'erreurs, soit inhérentes à leurs principes, soit amenées par le temps, conçut, un des premiers, la pensée de chercher à s'approcher davantage de la vérité, et devint un des plus ardents promoteurs de la peréquation, opération dont le but était de parvenir à la connaissance du revenu réel de la propriété foncière, seul moyen en effet d'établir pour tous la même proportion entre le revenu et les charges qui lui sont imposées. La part qu'il a prise à cette opération, le concours qu'il a prêté aux employés des contributions directes chargés de l'accomplir, ont été aussi considérables qu'utiles. Le problème était long et difficile à résoudre;

M. d'Assier a coopéré à sa solution pendant les huit années qu'elle a exigées, et c'est en surmontant bien des obstacles et plus d'une opposition, qu'il a eu la satisfaction de la voir atteindre par la décision du Conseil général qui a enfin constaté et réparé une erreur qui jusque-là n'avait été que soupçonnée. Voilà, sans doute, un grand service rendu à son pays.

Les intérêts généraux du département n'étaient pas les seuls qui préoccupassent M. d'Assier; il se dévouait plus spécialement encore à ceux du canton de Saint-Jean-Soleymieux qu'il représentait. Ce canton était entièrement dépourvu de voies de communication : il lui doit, ainsi qu'il se plaît à le reconnaître, celles qu'il possède aujourd'hui. Pour les établir, M. Joseph d'Assier mit au service de ses commettants et son argent et sa personne; il se chargea de la surveillance et de la direction des travaux; il participa à la dépense; on le vit, pendant plusieurs années, constamment sur les ateliers, supporter les plus dures fatigues, et suppléer à l'insuffisance des crédits alloués. Aussi a-t-il laissé, dans ces montagnes, son nom attaché aux voies de communication, à la création desquelles il a puissamment contribué.

En 1838, la mairie de la ville de Feurs fut confiée à M. d'Assier. Les suffrages de ses concitoyens l'avaient, pour ainsi dire, désigné à l'autorité supérieure. Ce fut un nouvel aliment à sa capacité et à son amour du bien public. Son administration a été signalée par la construction d'un hôtel-de-ville qu'envierait une cité plus importante, par la restauration complète et bien entendue d'un hospice des malades, par l'établissement d'une salle d'asile, par l'ouverture de nouvelles rues et l'adoption d'un plan qui prépare à la ville un meilleur aspect. En un mot, tous les besoins de la cité furent l'objet de sa constante sollicitude.

Les désastres de l'inondation de 1846 furent pour M. d'Assier une occasion de déployer le plus noble et le plus courageux dévouement. On le vit, partout où le danger réclamait sa présence, s'y exposer avec une intrépidité que les craintes des personnes qui l'entouraient ne pouvaient contenir. Placé sur une tête de pont que les flots battaient avec fureur et menaçaient de renverser, il dirigea, pendant toute une nuit, les secours qu'appelaient les cris lamentables s'élevant de toutes les habitations submergées. Un tel exemple inspira des prodiges de courage et prévint de grands malheurs. Cette belle conduite complétait les droits qu'avait M. d'Assier à une éclatante distinction, et sa promotion au grade d'officier de la Légion-d'Honneur en fut la juste récompense.

C'est en 1843, et le 5 janvier, que vous appelâtes M. d'Assier à faire partie de la Société d'agriculture de Montbrison : il en fut nommé vice-président le 2 février suivant, et président le 5 octobre de la même année. Vos suffrages, Messieurs, en se portant sur lui à des époques aussi rapprochées, témoignaient assez de l'importance que vous attachiez à son concours. C'est qu'en effet, dans le sein de cette Société, il devait se montrer ce qu'il était partout ailleurs, l'homme pratique et positif. Il a pris la part la plus active à vos travaux et a su leur donner une puissante impulsion dans l'établissement des Comices cantonaux qui, plusieurs fois présidés par lui, ont porté aux cultivateurs des encouragements et de sages conseils, dans la création de la Ferme-École de la Corée dont il prépara les règlements et l'organisation. La Société, sous sa présidence, fut saisie d'importantes questions d'économie politique qui fixaient alors l'attention des esprits. Elle eut à s'occuper du libre échange, des divers systèmes de crédit foncier et des grandes mesures administratives pouvant amener l'assainissement et l'irrigation de nos contrées. M. d'Assier traita toutes ces matières au point de vue agricole avec cette netteté d'idées, cette profondeur d'aperçus qui le distinguaient. Comme tous les esprits justes et sûrs d'eux-mêmes, il était essentiellement progressif; il ne craignait donc pas d'explorer des voies nouvelles, sans se laisser effrayer des dangers qu'une craintive routine exagère. Marcher en avant était sa devise, mais en s'appuyant sur l'expérience du passé, et l'œil toujours ouvert sur l'avenir. Ainsi, le développement des doctrines du libre échange lui souriait; il y voyait les changements les plus heureux apportés aux relations internationales; il en con-

sidérait l'application comme devant être progres-
sivement amenée par la seule force des choses et
les surprenants progrès des moyens de communication que le génie de l'homme perfectionne
chaque jour.

Je viens d'esquisser rapidement, comme il con-
venait de le faire, la vie active de M. Joseph d'Assier.
J'ai sans doute commis beaucoup d'omissions; je
crois cependant en avoir dit assez pour que l'opinion
que vous vous êtes formée sur son caractère et sur
ses vertus, soit exactement reproduite. Pendant
la période que je vous ai fait parcourir, il n'a cessé
de se montrer l'homme du bien public, cherchant
avant tout la justice et la vérité. S'il était ferme,
inflexible même dans ses résolutions, c'est qu'elles
étaient chez lui le résultat d'une conviction profonde; s'il était amateur de la contradiction jusqu'à
la rechercher, c'est qu'elle amenait la discussion
qui éclaire, et, comme il ne la comprenait que
courtoise et jamais personnelle, son adversaire
pouvait être vaincu, mais non blessé.

Dois-je maintenant vous parler de l'homme privé?
Ne vaut-il pas mieux confier au sanctuaire de la
famille ces souvenirs intimes faits pour elle seule?
Cependant, sans être indiscret, ne puis-je pas dire
ce qu'il a été donné à tout le monde de savoir?
C'est que M. d'Assier fut aussi un modèle de toutes
les vertus domestiques; qu'il fut un ami sûr et
dévoué; que ses sentiments sincèrement religieux,
manifestés par la régularité de sa vie, la gravité

de ses mœurs, ont ajouté à l'affection qu'inspirait à tous les siens son excellent cœur, l'autorité et le respect qui environnent le père de famille; qu'en un mot, il fut un de ces hommes qui accroissent la considération de leur race.

Mais nous approchons du terme de cette carrière déjà si bien remplie. Les événements de 1848 affligèrent et surprirent M. d'Assier; il craignit pour son pays les plus grands malheurs. Ce n'était ni la liberté, ni la forme républicaine qui l'effrayaient; il avait assez de vertu pour supporter l'une et l'autre. Mais c'est précisément parce qu'étant essentiellement un homme de devoir, il ne pouvait comprendre ce que deviendrait la société alors qu'on ne reconnaîtrait plus que des droits; il lui sembla que c'en serait fait de la liberté elle-même. Justement alarmé de cette explosion subite de mauvaises passions, d'opinions irréfléchies, de systèmes politiques absurdes, il dut s'abstenir de toute participation aux affaires publiques, et demander à Dieu de ne pas nous punir jusqu'à nous livrer aux expérimentations de ces redoutables utopistes. Ce qu'il avait prévu ne tarda pas d'arriver : le pays bientôt désabusé, cherchant une protection contre l'anarchie qui le menaçait, courut au-devant d'une autorité forte et tutélaire. Dès que cette disposition rassurante se fit remarquer, les hommes d'ordre de toutes les opinions la secondèrent en s'y associant, et le vœu populaire qui les avait repoussés les rappelait de toute part. M. d'Assier reprit l'administration de la ville de Feurs, d'où il semblait ne s'être momentanément éloigné que pour faire mieux sentir l'utilité de son concours; avec lui l'ordre et le calme rentrèrent dans la cité.

Un état de santé déjà fort alarmant ne permit pas à M. d'Assier d'occuper son siége au Conseil général; il manifesta le désir d'y être remplacé par l'un de ses neveux; et les électeurs de Saint-Jean-Soleymieux inscrivirent encore avec empressement sur leurs bulletins le nom qu'ils avaient appris à bénir. M. d'Assier n'avait ainsi restreint la part qu'il prenait aux affaires publiques que pour lui consacrer tout ce qui lui restait de force et d'activité, et jamais il n'en montra davantage que dans les derniers temps de son administration; il marchait plus vite en approchant du terme. En effet, les inquiétudes que sa santé inspirait à sa famille et à ses amis devenant de plus en plus graves, il céda à leurs instances, et consentit à suivre le conseil qui lui avait été plusieurs fois donné de se soustraire aux rigueurs de l'hiver, et d'aller chercher pendant cette saison, dans un climat plus doux, une température favorable à son état. Cette détermination fut, de sa part, un acte de condescendance aux désirs de ceux qu'il aimait. Il semblait si naturel au vaillant soldat d'attendre la mort au poste que la Providence lui avait assigné, que, pour paraître la fuir, il dut se faire une véritable violence. Il partit plein de résignation, accompagné de ce frère dévoué dont la tendre sollicitude n'avait cessé de l'environner dans tout le cours de sa périlleuse carrière, ou dans la suite plus calme de sa vie civile. Lorsque pour la dernière fois nous serrâmes la main de notre ami, nous eûmes le triste pressentiment que la joie de son retour ne nous était pas réservée. En effet, l'influence du beau ciel de Nice ne pouvait rétablir son organisation profondément atteinte et prolonger des jours dont le terme était marqué. Elle se fit cependant sentir et donna une lueur d'espérance qui fut avidement saisie; mais les symptômes les plus alarmants ne tardèrent pas de la dissiper, et furent rapidement suivis de l'événement prévu et redouté.

M. d'Assier fut le premier à le reconnaître. Son courage n'en fut point ébranlé; il n'attendit pas que les secours de la Religion lui fussent offerts, il les demanda, et le Ciel lui avait réservé pour ce dernier combat les grâces et la force du sacrement de Confirmation.

C'est le 23 janvier 1853 que M. Joseph d'Assier a rendu son âme à Dieu. Ses derniers moments ont été adoucis par la présence de son frère et de son neveu, qui n'ont, hélas! pu rapporter que sa dépouille mortelle, environnée déjà à Nice de tous les honneurs (1).

_____

(1) Le corps, embaumé à Nice, fut ramené à Feurs et repose au cimetière de cette ville, dans un caveau neuf

On doit craindre quelquefois, en prononçant l'éloge d'une personne honorable qui a occupé dans le monde un rang distingué, de trop élever son sujet et par cela même de l'amoindrir. Je n'aurais pas voulu me heurter contre cet écueil; mais la vue des obsèques de M. d'Assier m'a rassuré. Quel plus magnifique éloge, en effet, que celui qui résulte de l'empressement de la population entière à venir rendre un dernier hommage à celui qu'elle vous dit naïvement ne pouvoir être remplacé! Que sont de vaines paroles à côté de ce muet recueillement, de cette douleur profonde qui accusent une perte commune!

Les regrets touchants exprimés par la ville de Feurs l'honorent : ils prouvent qu'elle était digne de l'affection du magistrat qu'elle a perdu. Heureuse cité, qui, sur les fragments épars des monuments qui attestent son antiquité, peut en élever d'autres qui ne lui seront ni moins chers ni moins glorieux !

Sous ses murs, une chapelle expiatoire recouvre les restes des victimes de la fureur révolutionnaire et inspire l'horreur des discordes civiles.

recouvert d'un énorme monolithe de granit, taillé suivant le dessin de l'architecte Boisson (*sub ascia*).

Une inscription commémorative, sur marbre blanc, placée à l'Hôtel-de-Ville, rappelle honorablement à l'antique cité tout ce qu'elle dut, en institutions et créations modernes, au zèle aussi actif qu'éclairé de son maire éminent.

Sur sa place publique se dresse la statue de l'un de ses enfants (le colonel Combes). Elle dit combien il est beau de mourir au service de son pays.

Dans son champ béni, la tombe de M. Joseph d'Assier est un autel consacré à la vertu et à l'énergique activité du bien.

Quant à nous, Messieurs, nous garderons son souvenir, et la Société d'agriculture a inscrit son nom parmi ceux dont elle peut se glorifier à juste titre.

———

Le Discours qui précède ajoute par lui-même un autre éloge à tout ce qu'il renferme pour celui qui en est le sujet : c'est d'avoir eu des amis tels que celui qui vient de se peindre dans chacune de ses phrases par les plus nobles sentiments, si remarquablement exprimés.

Amitié précieuse ! dignement justifiée par toutes les qualités du cœur unies à celles de l'esprit, qui appartiennent si bien, avec la haute estime publique, à M. L. du Chevalard, et je dois m'honorer d'être en part de l'affection qu'il portait à mon frère.

Indépendamment de tout ce qui concerne le département ou d'autres localités, voici les principaux actes de l'administration de M. Joseph d'Assier, comme maire de Feurs :

Il a bâti l'Hôtel-de-Ville, en rappelant les Romains par la qualité des matériaux et la solidité des appareils (ses ingé-

nieuses combinaisons financières suppléèrent à la dispro-
portion des ressources et des dépenses);

Reconstruit en majeure partie l'Hôpital dans sa triple
destination, du service des malades, des écoles et de la
réunion des petits enfants; augmenté les moyens de cet
établissement, étendu leur application, rétabli à neuf tous
les bâtiments ruraux;

Secondé l'établissement des Frères de la Doctrine chré-
tienne;

Créé la Salle d'asile; — la Caisse d'épargne;

Amélioré dans la ville la circulation et le passage des
grandes routes, par la suppression, au centre, d'un îlot de
maisons incommode et fangeux devenu place publique;
percé une large rue favorisant le quartier des marchés;
rectifié les abords de l'église; contribué dans son intérieur
à plusieurs décorations et restaurations, parmi lesquelles
celle de la sacristie, faisant preuve en tout de son union et
de sa coopération avec le digne pasteur;

Agrandissement et rassainissement du cimetière par de
grands et solides travaux;

Soins administratifs et mesures prises contre les envahis-
sements et inondations de la Loire, annulés par la crue
extraordinaire de 1846;

Ouverture et popularisation des belles carrières de
Douzy, appliquées d'abord à la construction du monument
religieux expiatoire de Feurs, et qui dotèrent le pays de
superbes matériaux dont il manquait absolument;

Enfin, perfectionnement de tous les règlements administratifs dans l'intérêt de l'ordre, de la salubrité et d'une
exacte police; ménageant, par ses relations personnelles à
la cité qu'il dirigeait, la bonne et directe influence de l'autorité supérieure et centrale du département, dont il possédait la haute confiance.

LE CHEVALIER DE LA ROCHETTE.

Comme complément à ce qui précède, pourrions-nous ne pas rappeler ici un autre agriculteur distingué, cher à notre famille et lui appartenant (1)? Il suspendit aussi l'épée et la croix de Saint-Louis honorablement portées, pour s'attacher aux intérêts de l'agronomie, et appliqua ses connaissances et sa capacité à la faire fleurir dans son patrimoine légitimaire du Velay.

Le chevalier Jean de La Rochette, sur les traces de ses pères, entra au service peu d'années avant la Révolution; elle le surprit, au début de sa carrière, jeune officier. Le sentiment de l'honneur le fit émigrer pour passer d'abord au service du Piémont, puis à celui de nos princes dans leur

(1) Mon oncle maternel.

armée au-delà du Rhin. Rentré de l'émigration après en avoir couru en France tous les dangers, il se rallia à la maison du roi lors de la Restauration, et se retira capitaine avec la croix de Saint-Louis et celle des SS. Maurice et Lazare de Sardaigne, témoignage de ses services à l'étranger. Instruit, plein de vigueur, ferme de caractère et éloigné de toute transaction dans ses invariables principes politiques, il renonça à l'avenir avantageux de sa carrière primitive, pour trouver dans l'agriculture à satisfaire ses goûts, son désir d'être utile, son indépendance et ses facultés intellectuelles.

Placé par apanage d'hérédité dans une contrée ingrate de sol, dure de température, austère et dépourvue de ressources, il sut, par son intelligence supérieure et une laborieuse et constante application des bonnes méthodes, triompher de toutes les causes défavorables et faire de l'agronomie fructueuse et productive, au milieu d'éléments contraires. L'assujettissement à la surveillance de l'exécution manuelle ne porta chez lui aucune atteinte aux qualités de l'esprit, et la partie intellectuelle de l'art qu'il possédait si bien en fit un des membres distingués de la Société d'agriculture de la Haute-Loire, qui rendit justice à ses lumières en lui accordant nombre d'encouragements honorables, médaille, mentions, etc.

De telles occupations et l'espèce d'isolement qu'elles comportent, surtout à une certaine distance, ne lui firent non plus déroger en rien aux affections et relations de famille, qu'il sut cultiver et entretenir avec chaleur. Nous, vers qui elles furent particulièrement dirigées, nous nous trouvons heureux de rendre ici hommage à la mémoire non-seulement d'un autre agriculteur de mérite parmi nos proches, mais encore à celle d'un excellent parent qui marqua dignement sa place parmi les siens et dans le pays, par tous les nobles sentiments qui peuvent le plus honorer un homme de cœur et d'esprit.

Le chevalier de La Rochette, né à Feurs en 1767, mourut sans alliance dans sa résidence de St-Didier en Velay, le 27 mars 1841. Son exploitation agricole du *Roure* était située tout auprès de cette petite ville qui avait été le siége de famille de nombre de ses auteurs, dont il termina la descendance mâle; car l'ancienne maison de La Rochette appartenant à l'Auvergne, tout en continuant d'y fleurir, avait aussi occupé le Velay, le Forez et le Vivarais, par plusieurs de ses rameaux dignes de leur tige originaire.

Lyon, septembre 1856.

DASSIER DE VALENCHES.